1

NOVALIS

ΥΜΝΟΙ ΣΤΗ ΝΥΧΤΑ
HYMNEN AN DIE NACHT

ZWEISPRACHIGE AUSGABE

ΔΙΓΛΩΣΣΗ ΕΚΔΟΣΗ

Novalis: "Hymnen an die Nacht"
Νοβάλις: Ύμνοι στη Νύχτα
Übersetzer: Gregory Valatsos
Μετάφραση: Γρηγόρης Βαλατσός

"Novalis: 'Hymnen an die Nacht' wurde erstmals 1800 im dritten Band von Friedrich und August Wilhelm Schlegels 'Athenaeum' veröffentlicht.

Οι «Ύμνοι στη Νύχτα» του Νοβάλις (ψευδώνυμο του Georg Philipp Friedrich Freiherr von Hardenberg, 1772 - 1801) εκδόθηκαν για πρώτη φορά το 1800 στο περιοδικό «Athenäum» με εκδότες τους αδελφούς August Wilhelm Schlegel και Friedrich Schlegel στο Βερολίνο.

Umschlaggestaltung, Abbildungen, Satz: Stegi Publishing
Το εξώφυλλο είναι μια δημιουργία του ατελιέ των Εκδόσεων Στέγη

ISBN: 978-618-87381-4-0
© 2024 Ekdoseis Stegi
ekdoseisstegi@gmail.com

Dieses Werk ist urheberrechtlich geschützt und unterliegt den Gesetzen sowie internationalen Urheberrechtskonventionen. Jegliche Form der Vervielfältigung, Verbreitung, Vermietung, Verleihung, Übersetzung, Bearbeitung oder öffentlichen Wiedergabe – sei es elektronisch, schriftlich oder auf andere Weise – ist ohne vorherige schriftliche Genehmigung des Herausgebers strikt untersagt. Dies gilt sowohl für das gesamte Werk als auch für Teile davon."

Το παρόν έργο πνευματικής ιδιοκτησίας προστατεύεται κατά τις διατάξεις της ελληνικής νομοθεσίας (Ν. 2121/1993, όπως έχει τροποποιηθεί και ισχύει σήμερα) και τις διεθνείς συμβάσεις περί πνευματικής ιδιοκτησίας. Απαγορεύεται απολύτως η άνευ γραπτής αδείας του εκδότη ή κατά οποιονδήποτε τρόπο ή μέσο (ηλεκτρονικό, γραπτό και άλλο) αντιγραφή, η φωτοανατύπωση, όπως και η εν γένει αναπαραγωγή, εκμίσθωση, δανεισμός, μετάφραση, διασκευή, καθώς και η αναμετάδοση στο κοινό σε οποιαδήποτε μορφή και η εν γένει εκμετάλλευση του συνόλου ή μέρους του έργου.

Einleitung

Die „Hymnen an die Nacht" von Novalis, erstmals im Jahr 1800 veröffentlicht, zählen nicht nur zu den tiefgründigsten und eindrucksvollsten Texten der deutschen Romantik, sondern auch zu den bedeutendsten dichterischen Werken der Weltliteratur. Diese sechs Hymnen, in denen sich mystische Erlebnisse, philosophische Reflexionen und poetische Visionen zu einer dichten und ausdrucksstarken Einheit verweben, geben Einblicke in die innere Welt eines Dichters, dessen Denken und Fühlen eng mit den großen Fragen von Leben, Tod, Liebe und Transzendenz verknüpft sind.

Novalis, mit bürgerlichem Namen Georg Philipp Friedrich Freiherr von Hardenberg, hat sich mit den „Hymnen an die Nacht" auf eine literarische Reise begeben, die weit über die Grenzen seiner Zeit hinausweist. Inspiriert von persönlichen Schicksalsschlägen – insbesondere dem frühen Tod seiner Verlobten Sophie von

Εισαγωγή

Οι «Ύμνοι στη Νύχτα» του Νοβάλις, που δημοσιεύτηκαν για πρώτη φορά το 1800, δεν θεωρούνται μόνο ως από τα πιο βαθυστόχαστα και εντυπωσιακά κείμενα του γερμανικού ρομαντισμού, αλλά και ως ένα από τα σημαντικότερα ποιητικά έργα της παγκόσμιας λογοτεχνίας. Αυτοί οι έξι ύμνοι, στους οποίους μυστικιστικές εμπειρίες, φιλοσοφικοί στοχασμοί και ποιητικά οράματα συνυφαίνονται σε μια πυκνή και εκφραστική ενότητα, παρέχουν μια εικόνα του εσωτερικού κόσμου ενός ποιητή του οποίου οι σκέψεις και τα συναισθήματα συνδέονται στενά με τα μεγάλα ερωτήματα για τη ζωή, τον θάνατο, τον έρωτα και την υπέρβαση.

Ο Νοβάλις, του οποίου το πραγματικό όνομα ήταν Georg Philipp Friedrich Freiherr von Hardenberg, με τους «Ύμνους στη νύχτα» ξεκίνησε ένα λογοτεχνικό ταξίδι που ξεπέρασε κατά πολύ τα όρια της εποχής του. Εμπνευσμένος από προσωπικά χτυπήματα της μοίρας - ιδιαίτερα από τον πρόωρο θάνατο της αρραβωνιαστικιάς του Sophie von

Kühn – und angeregt durch die philosophischen Strömungen seiner Epoche, schuf er ein Werk, das die Dunkelheit der Nacht nicht als etwas Bedrohliches, sondern als Quelle der Erkenntnis und der inneren Erneuerung feiert. Die Nacht wird zum Symbol für den Übergang vom irdischen Dasein in eine höhere, spirituelle Dimension.

Diese zweisprachige Neuausgabe bietet die Möglichkeit, sich diesem Werk in all seiner Vielschichtigkeit und Schönheit in beiden sprachen, Deutsch und Griechisch, zu nähern, für eine der bedeutendsten Stimmen der Romantik und der gesamten Literaturgeschichte zu finden.

Möge diese Ausgabe dazu beitragen, das Verständnis und die Wertschätzung für Novalis' Werk zu vertiefen und den Leser auf eine Reise mitzunehmen, die weit über die Grenzen des rationalen Verstandes hinausgeht – hinein in die „heilige, unaussprechliche, geheimnisvolle Nacht".

Kühn - και εμπνευσμένος από τα φιλοσοφικά ρεύματα της εποχής του, δημιούργησε ένα έργο που εξυμνεί το σκοτάδι της νύχτας όχι ως κάτι απειλητικό, αλλά ως πηγή γνώσης και εσωτερικής ανανέωσης. Η νύχτα γίνεται το σύμβολο για τη μετάβαση από τη γήινη ύπαρξη σε μια ανώτερη, πνευματική διάσταση.

Αυτή η νέα, δίγλωσση έκδοση προσφέρει την ευκαιρία να προσεγγίσουμε το έργο αυτό σε όλη του την πολυπλοκότητα και την ομορφιά και στις δύο γλώσσες, τη γερμανική και την ελληνική, για μια από τις σημαντικότερες φωνές του ρομαντισμού και ολόκληρης της ιστορίας της λογοτεχνίας.

Μακάρι η έκδοση αυτή να συμβάλει στην εμβάθυνση της κατανόησης και της εκτίμησης του έργου του Novalis και να οδηγήσει τον αναγνώστη σε ένα ταξίδι που ξεπερνά κατά πολύ τα όρια του ορθολογικού νου - στην «ιερή, ανείπωτη, μυστηριώδη νύχτα».

NOVALIS

HYMNEN AN DIE NACHT

Notiz
Die Rechtschreibung wurde größtenteils synchronisiert. Wortabkürzungen wurden wie sie in der Originalausgabe von 1800 stehen beibehalten, da sie die Melodie des Textes unterstützen. Satzzeichen, Punkte, Kommata, Bindestriche sowie die Groß- und Kleinschreibung wurden originalgetreu beibehalten, wie sie in der Originalausgabe von 1800 vorliegen.

ΝΟΒΑΛΙΣ

ΥΜΝΟΙ ΣΤΗ ΝΥΧΤΑ

Σημείωση
Η ορθογραφία έχει εκσυγχρονιστεί ως επί το πλείστον. Οι συντμήσεις λέξεων έχουν διατηρηθεί όπως εμφανίζονται στην αρχική έκδοση του 1800, καθώς υποστηρίζουν τη μελωδία του κειμένου. Τα σημεία στίξης, οι τελείες, τα κόμματα, οι παύλες και τα κεφαλαία έχουν διατηρηθεί όπως ήταν στην αρχική έκδοση του 1800.

1.

Welcher Lebendige, Sinnbegabte, liebt nicht vor allen Wundererscheinungen des verbreiteten Raums um ihn, das allerfreuliche Licht — mit seinen Farben, seinen Strahlen und Wogen; seiner milden Allgegenwart, als weckender Tag. Wie des Lebens innerste Seele atmet es der rastlosen Gestirne Riesenwelt, und schwimmt tanzend in seiner blauen Flut — atmet es der funkelnde, ewigruhende Stein, die sinnige, saugende Pflanze, und das wilde, brennende,

1.

Ποιος ζωντανός, προικισμένος με αισθήσεις, δεν αγαπάει, πριν από όλα τα θαυμαστά φαινόμενα του διάχυτου γύρω χώρου, το ολόχαρο φως — με τα χρώματά του, τις ακτίνες και τα κύματά του· την ήπια πανταχού παρουσία του, ως αφυπνίζουσα ημέρα. Σαν της ζωής την εσώτατη ψυχή ανασαίνει το φως ο γιγάντιος κόσμος των αεικίνητων αστεριών, και κολυμπάει χορεύοντας στη γαλάζια του πλημμύρα — το ανασαίνει η απαστράπτουσα, αιώνια αναπαυόμενη πέτρα, το στοχαστικό, θηλάζον φυτό, και το άγριο, φλεγόμενο,

vielgestaltete Tier — vor allen aber der herrliche Fremdling mit den sinnvollen Augen, dem schwebenden Gange, und den zartgeschlossenen, tonreichen Lippen. Wie ein König der irdischen Natur ruft es jede Kraft zu zahllosen Verwandlungen, knüpft und löst unendliche Bündnisse, hängt sein himmlisches Bild jedem irdischen Wesen um. — Seine Gegenwart allein offenbart die Wunderherrlichkeit der Reiche der Welt.

Abwärts wend ich mich zu der heiligen, unaussprechlichen, geheimnisvollen Nacht. Fernab liegt die Welt — in eine tiefe Gruft versenkt — wüst und einsam ist ihre Stelle. In den Saiten der Brust weht tiefe Wehmut. In Tautropfen will ich hinuntersinken und mit der Asche mich vermischen. — Fernen der Erinnerung, Wünsche der Jugend, der Kindheit Träume, des ganzen langen Lebens kurze Freuden und vergebliche Hoffnungen kommen in grauen Kleidern, wie Abendnebel

πολύμορφο ζώο — όμως πάνω από όλα ο θαυματουργός ξένος με τα έλλογα μάτια, το αιωρούμενο περπάτημα, τα απαλόκλειστα και πολύφωνα χείλη. Σαν βασιλιάς της γήινης φύσης το φως καλεί κάθε δύναμη σε αναρίθμητες μεταμορφώσεις, συνάπτει και διαλύει αμέτρητες συμμαχίες, περιβάλλει με την ουράνια εικόνα του κάθε γήινο πλάσμα. — Η παρουσία του και μόνο φανερώνει το θαυμαστό μεγαλείο των βασιλείων του κόσμου.

Κάτω στρέφομαι στην ιερή, ανείπωτη, γεμάτη μυστικά νύχτα. Πέρα μακριά βρίσκεται ο κόσμος — σε μια βαθιά κρύπτη βυθισμένος — έρημη και μοναχική είναι η θέση του. Στα στήθη φυσάει βαθιά μελαγχολία. Σε δροσοσταλίδες θέλω να βυθιστώ και με τη στάχτη να αναμειχθώ. — Μακρινοί τόποι της ανάμνησης, επιθυμίες της νιότης, της παιδικής ηλικίας όνειρα, ολόκληρης της μακράς ζωής μικρές χαρές και μάταιες ελπίδες έρχονται με σταχτιές φορεσιές, σαν την νυχτερινή ομίχλη

nach der Sonne Untergang. In andern Räumen schlug die lustigen Gezelte das Licht auf. Sollte es nie zu seinen Kindern wiederkommen, die mit der Unschuld Glauben seiner harren?

Was quillt auf einmal so ahndungsvoll unterm Herzen, und verschluckt der Wehmut weiche Luft? Hast auch du ein Gefallen an uns, dunkle Nacht? Was hältst du unter deinem Mantel, das mir unsichtbar kräftig an die Seele geht? Köstlicher Balsam träuft aus deiner Hand, aus dem Bündel Mohn. Die schweren Flügel des Gemüts hebst du empor. Dunkel und unaussprechlich fühlen wir uns bewegt — ein ernstes Antlitz seh ich froh erschrocken, das sanft und andachtsvoll sich zu mir neigt, und unter unendlich verschlungenen Locken der Mutter liebe Jugend zeigt. Wie arm und kindisch dünkt mir das Licht nun — wie erfreulich und gesegnet des Tages Abschied — Also nur darum,

μετά τη δύση του ήλιου. Σε άλλους τόπους στήνει τις πρόσχαρες σκήτες το φως. Δεν θα έπρεπε κάποτε να επιστρέψει στα παιδιά του, που το περιμένουν με την αθωότητα της πίστης; Τι ξεπηδάει μονομιάς τόσο γεμάτο υπόνοιες κάτω από την καρδιά, και καταπίνει της μελαγχολίας τον απαλό αέρα; Έχεις κι εσύ χαρά για εμάς, σκοτεινή νύχτα; Τι κρατάς κάτω από το πανωφόρι σου, που αόρατα και αδυσώπητα αγγίζει την ψυχή μου; Πολύτιμο βάλσαμο ρέει από το χέρι σου, από ένα ματσάκι παπαρούνες. Τα βαριά φτερά του νου σηκώνεις ψηλά. Σκοτεινά και ανείπωτα νιώθουμε συγκινημένοι — ένα σοβαρό πρόσωπο βλέπω εγώ χαρούμενα ταραγμένος, που απαλά και γεμάτο ευλάβεια γέρνει προς τα εμένα, και κάτω από τις πολυπλεγμένες μπούκλες της Μητέρας εμφανίζει την αγαπημένη νιότη. Πόσο φτωχικό και παιδιάστικο μου φαίνεται τώρα το φως — πόσο ευχάριστος και ευλογημένος της μέρας ο αποχωρισμός — Άρα μόνο για αυτό,

weil die Nacht dir abwendig macht die Dienenden, sätest du in des Raumes Weiten die leuchtenden Kugeln, zu verkünden deine Allmacht — deine Wiederkehr — in den Zeiten deiner Entfernung. Himmlischer, als jene blitzenden Sterne, dünken uns die unendlichen Augen, die die Nacht in uns geöffnet. Weiter sehn sie, als die blässesten jener zahllosen Heere — unbedürftig des Lichts durchschaun sie die Tiefen eines liebenden Gemüts — was einen höhern Raum mit unsäglicher Wollust füllt. Preis der Weltkönigin, der hohen Verkündigerin heiliger Welten, der Pflegerinn seliger Liebe — sie sendet mir dich — zarte Geliebte — liebliche Sonne der Nacht, — nun wach ich — denn ich bin Dein und Mein — du hast die Nacht mir zum Leben verkündet — mich zum Menschen gemacht — zehre mit Geisterglut meinen Leib, daß ich luftig mit dir inniger mich mische und dann ewig die Brautnacht währt.

γιατί η νύχτα απομακρύνει από εσένα τους υποτελείς, έσπειρες μες του τόπου την άπλα τις λαμπερές σφαίρες, για να διακηρύττουν την παντοδυναμία σου — την επιστροφή σου — στους καιρούς της απομάκρυνσής σου. Πιότερο επουράνια, από εκείνα τα αστραφτερά αστέρια, μας φαίνονται τα αμέτρητα μάτια, που η νύχτα άνοιξε μέσα μας. Βλέπουν μακρύτερα, από ότι οι πιο κάτωχροι εκείνων των αμέτρητων στρατιών — χωρίς να χρειάζονται φως διακρίνουν τα βάθη ενός νου που αγαπά — που γεμίζει έναν ανώτερο τόπο με ανείπωτη λαγνεία. Δόξα στη βασίλισσα του κόσμου, την υψηλή αγγελιαφόρο των ιερών κόσμων, την τροφό της ευλογημένης αγάπης — μου στέλνει εσένα — τρυφερή ερωμένη — γλυκέ ήλιε της νύχτας — τώρα ξυπνάω — γιατί Δικός σου είμαι και Δικός μου — κήρυξες τη νύχτα στη ζωή μου — με έκανες άνθρωπο — ανάλωσε με τη θέρμη του πνεύματος το σώμα μου, ώστε ανάλαφρα με σένα πιο στενά να σμίξω και τότε αιώνια η νυφική νύχτα θα κρατήσει.

2.

Muss immer der Morgen wiederkommen? Endet nie des Irdischen Gewalt? unselige Geschäftigkeit verzehrt den himmlischen Anflug der Nacht. Wird nie der Liebe geheimes Opfer ewig brennen? Zugemessen ward dem Lichte seine Zeit; aber zeitlos und raumlos ist der Nacht Herrschaft. — Ewig ist die Dauer des Schlafs. Heiliger Schlaf — beglücke zu selten nicht der Nacht Geweihte in diesem irdischen Tagewerk. Nur die Thoren verkennen dich und wissen von keinem Schlafe, als den Schatten, den du in

2.

Πρέπει πάντα να επιστρέφει η αυγή; Δεν τελειώνει ποτέ των επίγειων η βία; ολέθρια πολυπραγμοσύνη κατατρώει το ουράνιο πλησίασμα της νύχτας. Ποτέ δεν θα καίει αιώνια της αγάπης η μυστική θυσία; Έχει αποδοθεί στο φως ο καιρός του· όμως άχρονη και άχωρη είναι της νύχτας η εξουσία. — Παντοτινή η διάρκεια του ύπνου. Ιερέ ύπνε — αγαλλιάζεις πολύ σπάνια όσους δεν είναι ταμένοι στη νύχτα σε ετούτη την επίγεια καθημερινότητα. Μόνο οι μωροί σε παραβλέπουν και δεν γνωρίζουν κανέναν άλλον ύπνο, παρά την σκιά, την οποία εσύ στο

jener Dämmerung der wahrhaften Nacht mitleidig auf uns wirfst. Sie fühlen dich nicht in der goldnen Flut der Trauben — in des Mandelbaums Wunderöl, und dem braunen Safte des Mohns. Sie wissen nicht, dass du es bist der des zarten Mädchens Busen umschwebt und zum Himmel den Schoos macht — ahnden nicht, dass aus alten Geschichten du himmelöffnend entgegentrittst und den Schlüssel trägst zu den Wohnungen der Seligen, unendlicher Geheimnisse schweigender Bote.

σούρουπο της αληθινής νύχτας συμπονετικά ρίχνεις επάνω μας. Δεν σε αισθάνονται στη χρυσή πλημμύρα των σταφυλιών — στης αμυγδαλιάς το θαυματουργό έλαιο, και τον καστανό χυμό της παπαρούνας. Δεν γνωρίζουν, πως είσαι εσύ εκείνος που στου τρυφερού κοριτσιού τον κόρφο περιπλανιέσαι και κάνεις την αγκαλιά ουρανό — δεν υποψιάζονται πως από παλιές ιστορίες ανοίγοντας τον ουρανό πλησιάζεις, και κουβαλάς το κλειδί για τις κατοικίες των ευλογημένων, άπειρων μυστικών σιωπηλέ αγγελιαφόρε.

3.

Einst da ich bittre Tränen vergoss, da in Schmerz aufgelöst meine Hoffnung zerrann, und ich einsam stand am dürren Hügel, der in engen, dunkeln Raum die Gestalt meines Lebens barg — einsam, wie noch kein Einsamer war, von unsäglicher Angst getrieben — kraftlos, nur ein Gedanken des Elends noch. — Wie ich da nach Hülfe umherschaute, vorwärts nicht konnte und rückwärts nicht, und am fliehenden, verlöschten Leben mit unendlicher Sehnsucht hing: — da kam

3.

Κάποτε όταν έχυνα δάκρυα πικρά, όταν διαλυμένη έλιωνε στον πόνο η ελπίδα μου, και μόνος στεκόμουν στον κάτισχνο χωμάτινο τάφο, που έκρυβε στον στενό, σκοτεινό χώρο τη μορφή της ζωής μου — μόνος, όπως κανένας μοναχικός δεν ήταν ποτέ, παρακινούμενος από ανείπωτο φόβο — αδύναμος, μόνο μια σκέψη της δυστυχίας πλέον. — Καθώς κοιτούσα εκεί για βοήθεια, να πάω μπροστά δεν μπορούσα και μήτε προς τα πίσω, και κρεμόμουν στη φευγαλέα, τη σβησμένη ζωή με άπειρη λαχτάρα: — τότε ήρθε

aus blauen Fernen — von den Höhen meiner alten Seligkeit ein Dämmerungsschauer — und mit einemmale riss das Band der Geburt — des Lichtes Fessel. Hin floh die irdische Herrlichkeit und meine Trauer mit ihr — zusammen floss die Wehmut in eine neue, unergründliche Welt — du Nachtbegeisterung, Schlummer des Himmels kamst über mich — die Gegend hob sich sacht empor; über der Gegend schwebte mein entbundner, neugeborner Geist. Zur Staubwolke wurde der Hügel — durch die Wolke sah ich die verklärten Züge der Geliebten. In ihren Augen ruhte die Ewigkeit — ich fasste ihre Hände, und die Tränen wurden ein funkelndes, unzerreißliches Band. Jahrtausende zogen abwärts in die Ferne, wie Ungewitter. An Ihrem Halse weint ich dem neuen Leben entzückende Tränen. — Es war der erste, einzige Traum — und erst seitdem fühl ich ewigen, unwandelbaren Glauben an den Himmel der Nacht und sein Licht, die Geliebte.

από τον γαλανό ουρανό — από τα ύψη της παλιάς μου ευδαιμονίας ένα ρίγος λυκόφωτος — και μονομιάς σκίστηκε το νήμα της γέννας — τα δεσμά του φωτός. Μακριά πέταξε το γήινο μεγαλείο κι η θλίψη μου μαζί του — μαζί κύλησε η μελαγχολία σε έναν νέο ανεξιχνίαστο κόσμο — εσύ νυχτερινέ ενθουσιασμέ, γλυκέ ύπνε του ουρανού με κυρίευσες — ο τόπος ανέβηκε απαλά προς τα πάνω· και πάνω από τον τόπο αιωρείτο το απελεύθερο, νεογέννητο πνεύμα μου. Σύννεφο σκόνης έγινε ο χωμάτινος τάφος — και μέσα του είδα την εκστατική μορφή της αγαπημένης. Στα μάτια της αναπαυόταν η αιωνιότητα — έπιασα τα χέρια της, και τα δάκρυα έγιναν μια αστραφτερή, άρρηκτη κορδέλα. Χιλιάδες χρόνια αποτραβιόνταν κάτω στα ξένα, σαν καταιγίδα. Στον λαιμό της έκλαψα για τη νέα ζωή με δάκρυα ενθουσιασμού. — Ήταν το πρώτο, το μοναδικό όνειρο — και μονάχα από τότε νιώθω αιώνια, αμετάβλητη πίστη στον ουρανό της νύχτας, και το φως του, την αγαπημένη μου.

4.

Nun weiß ich, wenn der letzte Morgen sein wird — wenn das Licht nicht mehr die Nacht und die Liebe scheucht — wenn der Schlummer ewig und nur Ein unerschöpflicher Traum sein wird. Himmlische Müdigkeit fühl ich in mir. — Weit und ermüdend ward mir die Wallfahrt zum heiligen Grabe, drückend das Kreutz. Die kristallene Woge, die gemeinen Sinnen unvernehmlich, in des Hügels dunkeln Schoß quillt, an dessen Fuß die irdische Flut bricht, wer sie gekostet,

4.

Τώρα ξέρω πότε θα έρθει η τελευταία αυγή — όταν το φως δεν θα διώχνει πια τη νύχτα και την αγάπη — όταν ο γλυκός ύπνος θα είναι αιώνιος και μόνο Ένα ανεξάντλητο όνειρο. Ουράνια κούραση νιώθω μέσα μου. — Μακρύ και κουραστικό ήταν για εμένα το προσκύνημα στον ιερό τάφο, βαρύς ο σταυρός. Το κρυστάλλινο κύμα, που ακατάληπτο στις κοινές αισθήσεις, στου τάφου τη σκοτεινή αγκαλιά αναβλύζει, και στα πόδια του σκάει η γήινη πλημμύρα, όποιος το γεύτηκε,

wer oben stand auf dem Grenzgebürge der Welt, und hinübersah in das neue Land, in der Nacht Wohnsitz — wahrlich der kehrt nicht in das Treiben der Welt zurück, in das Land, wo das Licht in ewiger Unruh hauset.

Oben baut er sich Hütten, Hütten des Friedens, sehnt sich und liebt, schaut hinüber, bis die willkommenste aller Stunden hinunter ihn in den Brunnen der Quelle zieht — das Irdische schwimmt oben auf, wird von Stürmen zurückgeführt, aber was heilig durch der Liebe Berührung ward, rinnt aufgelöst in verborgenen Gängen auf das jenseitige Gebiet, wo es, wie Düfte, sich mit entschlummerten Lieben mischt. Noch weckst du, muntres Licht den Müden zur Arbeit — flößest fröhliches Leben mir ein — aber du lockst mich von der Erinnerung moosigem Denkmal nicht. Gern will ich die fleißigen Hände rühren, überall umschaun, wo du mich brauchst — rühmen deines

όποιος πάνω στεκόταν στο διάσελο του κόσμου, και κοίταξε πέρα στη νέα γη, στην κατοικία της νύχτας — πράγματι αυτός δεν γυρνά πίσω στον χαμό του κόσμου, στη γη, όπου το φως κατοικεί σε αιώνια ανησυχία.

Ψηλά χτίζει καλύβες, καλύβες ειρήνης, νοσταλγεί και αγαπά, κοιτάζει πέρα, μέχρι που η πιο ευπρόσδεκτη από όλες τις ώρες τον τραβάει κάτω στο πηγάδι της πηγής — το γήινο κολυμπάει εκεί πάνω, οι θύελλες το οδηγούν πίσω, όμως ό,τι ιερό έγινε μέσα από της αγάπης το άγγιγμα, κυλάει διαλυμένο σε κρυφές οδούς προς εκείνον τον πέρα τόπο, όπου σαν τα αρώματα, αναμειγνύεται με κοιμισμένες αγάπες. Ακόμα ξυπνάς πρόσχαρο φως τον κουρασμένο για δουλειά — χαρούμενη ζωή μου ενσταλάζεις — αλλά δεν με παρασύρεις από της ανάμνησης το λασπωμένο μνημείο. Με χαρά θέλω να αγγίξω τα φιλόπονα χέρια, να κοιτάξω παντού, όπου με χρειάζεσαι — να υμνήσω

Glanzes volle Pracht — unverdrossen verfolgen deines künstlichen Werks schönen Zusammenhang — gern betrachten deiner gewaltigen, leuchtenden Uhr sinnvollen Gang — ergründen der Kräfte Ebenmaß und die Regeln des Wunderspiels unzähliger Räume und ihrer Zeiten. Aber getreu der Nacht bleibt mein geheimes Herz, und der schaffenden Liebe, ihrer Tochter. Kannst du mir zeigen ein ewig treues Herz? hat deine Sonne freundliche Augen, die mich erkennen? fassen deine Sterne meine verlangende Hand? Geben mir wieder den zärtlichen Druck und das kosende Wort? Hast du mit Farben und leichtem Umriss Sie geziert — oder war Sie es, die deinem Schmuck höhere, liebere Bedeutung gab? Welche Wollust, welchen Genuss bietet dein Leben, die aufwögen des Todes Entzückungen? Trägt nicht alles, was uns begeistert, die Farbe der Nacht? Sie trägt dich mütterlich und ihr

της λάμψης σου το μεγαλείο — ακούραστα να ακολουθήσω του περίτεχνου έργου σου την όμορφη συνοχή — χαρούμενα να παρατηρήσω του θεόρατου, φωτεινού ρολογιού σου τη σημαίνουσα πορεία — να ανακαλύψω τη συμμετρία των δυνάμεων και τους κανόνες του θαυμαστού παιχνιδιού αμέτρητων τόπων και των χρόνων τους. Όμως πιστή στη νύχτα μένει η κρυφή μου καρδιά, και στη δημιουργό αγάπη, την κόρη της. Μπορείς να μου δείξεις μια αιώνια πιστή καρδιά; έχει ο ήλιος σου φιλικά μάτια που με αναγνωρίζουν; Αγγίζουν τα αστέρια σου τα όλο λαχτάρα χέρια μου; Μου δίνουν ξανά το τρυφερό άγγιγμα και τον λατρεμένο λόγο; Εσύ κόσμησες με χρώματα κι ανάλαφρα σχήματα — ή ήταν εκείνη που έδωσε στον στολισμό σου πιο υψηλή, πιο αγαπητή σημασία; Ποια λαγνεία, ποια απόλαυση προσφέρει η ζωή σου, που αντισταθμίζουν του θανάτου τις σαγήνες; Δεν κουβαλούν όλα, όσα μας συναρπάζουν, το χρώμα της νύχτας; Σε κουβαλάει μητρικά και σε

verdankst du all deine Herrlichkeit. Du verflögst in dir selbst — in endlosen Raum zergingst du, wenn sie dich nicht hielte, dich nicht bände, dass du warm würdest und flammend die Welt zeugtest. Warlich ich war, eh du warst — die Mutter schickte mit meinen Geschwistern mich, zu bewohnen deine Welt, sie zu heiligen mit Liebe, dass sie ein ewig angeschautes Denkmal werde — zu bepflanzen sie mit unverwelklichen Blumen.

Noch reiften sie nicht diese göttlichen Gedanken — Noch sind der Spuren unserer Offenbarung wenig — Einst zeigt deine Uhr das Ende der Zeit, wenn du wirst wie unser einer, und voll Sehnsucht und Inbrunst auslöschest und stirbst. In mir fühl ich deiner Geschäftigkeit Ende — himmlische Freiheit, selige Rückkehr. In wilden Schmerzen erkenn ich deine Entfernung von unsrer Heimat, deinen Widerstand gegen den alten, herrlichen Himmel. Deine Wuth und dein Toben

εκείνην χρωστάς όλη σου την μεγαλοπρέπεια. Διαλυόσουν μέσα σου — έλιωνες στον απέραντο χώρο, αν δεν σε κρατούσε, αν δεν σε έδενε, ώστε να ζεσταθείς και με φλόγα να γεννήσεις τον κόσμο. Πράγματι υπήρχα, πριν υπάρξεις — η Μητέρα με έστειλε με τα αδέρφια μου, να κατοικήσω τον κόσμο σου, να τον καθαγιάσω με αγάπη, ώστε να γίνει ένα αιώνια ακριβοθώρητο μνημείο — να τον σπείρω με αμάραντα λουλούδια.

Ακόμα δεν ωρίμασαν αυτοί οι θεϊκοί στοχασμοί — Ακόμα τα ίχνη της αποκάλυψής μας είναι λίγα — Κάποτε το ρολόι σου θα σημάνει το τέλος του χρόνου, όταν θα γίνεις σαν ένας από εμάς, και γεμάτος λαχτάρα και θέρμη σβήσεις και πεθάνεις. Μέσα μου νιώθω της πολυπραγμοσύνης σου το τέλος — ουράνια ελευθερία, μακάρια επιστροφή. Με άγριους πόνους αναγνωρίζω την απόστασή σου από την πατρίδα μας, την αντίστασή σου ενάντια στον παλιό, κραταιό ουρανό. Η οργή σου και η μανία σου

ist vergebens. Unverbrennlich steht das Kreutz
— eine Siegesfahne unsers Geschlechts.

    Hinüber wall ich,
    Und jede Pein
    Wird einst ein Stachel
    Der Wollust sein.
    Noch wenig Zeiten,
    So bin ich los,
    Und liege trunken
    Der Lieb' im Schoß.
    Unendliches Leben
    Wogt mächtig in mir
    Ich schaue von oben
    Herunter nach dir.
    An jenem Hügel
    Verlischt dein Glanz —
    Ein Schatten bringet
    Den kühlenden Kranz.
    O! sauge, Geliebter,
    Gewaltig mich an,

είναι μάταιες. Άκαυστος ορθώνεται ο σταυρός –
– Σημαία νίκης του γένους μας.

Στην άλλη μεριά περπατώ
Και κάθε πόνος
Κάποτε ένα αγκάθι
Του πόθου θα γίνει.
Ακόμα λίγο καιρό,
Ελεύθερος θα 'μαι
Και σε μέθη θα κείτομαι
Στης αγάπης την αγκαλιά.
Ατελείωτη ζωή
Κυματίζει δυνατά μέσα μου
Κοιτάζω από ψηλά
Κάτω για εσένα.
Σε εκείνον τον χωμάτινο τάφο
Η λάμψη σου σβήνει —
Μια σκιά φέρνει
Το στεφάνι που δροσίζει.
Ω! πιες, αγαπημένε,
Εμένα με βία,

Dass ich entschlummern
Und lieben kann.
Ich fühle des Todes
Verjüngende Flut,
Zu Balsam und Äther
Verwandelt mein Blut —
Ich lebe bei Tage
Voll Glauben und Muth
Und sterbe die Nächte
In heiliger Glut.

Ώστε απαλά να πεθαίνω
Και να μπορώ να αγαπώ.
Νιώθω του θανάτου
Την αναζωογονητική πλημμύρα,
Σε βάλσαμο και αιθέρα
Μεταμορφώνει το αίμα μου —
Ζω την ημέρα
Γεμάτος πίστη και θάρρος
Και πεθαίνω τις νύχτες
Με ζήλο ιερό.

5.

Über der Menschen weitverbreitete Stämme herrschte vor Zeiten ein eisernes Schicksal mit stummer Gewalt. Eine dunkle, schwere Binde lag um ihre bange Seele — Unendlich war die Erde — der Götter Aufenthalt, und ihre Heimat. Seit Ewigkeiten stand ihr geheimnisvoller Bau. Über des Morgens roten Bergen, in des Meeres heiligem Schoß wohnte die Sonne, das allzündende, lebendige Licht. Ein alter Riese trug die selige Welt. Fest unter Bergen lagen die Ursöhne der Mutter Erde. Ohnmächtig

5.

Στων ανθρώπων τις σκόρπιες γενιές κυριαρχούσε πριν καιρούς μια σιδερένια μοίρα με σιωπηλή βία. — Σκοτεινά, βαριά δεσμά απλώνονταν γύρω από τη φοβισμένη ψυχή τους — Αχανής ήταν η γη — των θεών κατοικία και πατρίδα τους. Από αιωνιότητες ορθωνόταν το γεμάτο μυστήρια κτίσμα τους. Πάνω από της αυγής τα κόκκινα βουνά, στης θάλασσας την ιερή αγκαλιά κατοικούσε ο ήλιος, το ζωντανό, που τα πάντα φλέγει, φως. Ένας αρχαίος γίγας κουβαλούσε τον ευλογημένο κόσμο. Στέρεα κάτω από όρη κείτονταν οι αρχέγονοι γιοι της μητέρας γης. Ανίσχυροι

in ihrer zerstörenden Wuth gegen das neue herrliche Göttergeschlecht und dessen Verwandten, die fröhlichen Menschen. Des Meers dunkle, grüne Tiefe war einer Göttin Schoß. In den kristallenen Grotten schwelgte ein üppiges Volk. Flüsse, Bäume, Blumen und Tiere hatten menschlichen Sinn. Süßer schmeckte der Wein von sichtbarer Jugendfülle geschenkt — ein Gott in den Trauben — eine liebende, mütterliche Göttin, empor wachsend in vollen goldenen Garben — der Liebe heilger Rausch ein süßer Dienst der schönsten Götterfrau — ein ewig buntes Fest der Himmelskinder und der Erdbewohner rauschte das Leben, wie ein Frühling, durch die Jahrhunderte hin — Alle Geschlechter verehrten kindlich die zarte, tausendfältige Flamme, als das höchste der Welt. Ein Gedanke nur war es, Ein entsetzliches Traumbild,

στην καταστροφική τους οργή ενάντια στο νέο, ένδοξο γένος των θεών και των συγγενών τους, τους πρόσχαρους ανθρώπους. Της θάλασσας τα σκοτεινά, πράσινα βάθη ήταν η αγκαλιά μιας θεάς. Στις κρυστάλλινες σπηλιές ευημερούσε ένας πλούσιος λαός. Ποτάμια, δέντρα, λουλούδια και ζώα είχαν ανθρώπινο νου. Γλυκύτερη γεύση είχε το κρασί κερασμένο από φανερό νεανικό σφρίγος — ένας θεός μέσα στα σταφύλια — μια στοργική, μητρική θεά, που υψωνόταν σε γεμάτες χρυσές θημωνιές — της αγάπης ιερή μέθη μια γλυκιά προσφορά της ομορφότερης γυναίκας θεάς — αιώνια πολύχρωμη γιορτή των παιδιών του ουρανού και των κατοίκων της γης βούιζε η ζωή, σαν μια άνοιξη, μέσα από τους αιώνες — Όλα τα γένη τιμούσαν σαν παιδιά την απαλή, χιλιόμορφη φλόγα, ως το ύψιστο του κόσμου. Μία σκέψη μόνο ήταν αυτό, Μια τρομερή ονειρική εικόνα,

Das furchtbar zu den frohen Tischen trat
Und das Gemüt in wilde Schrecken hüllte.
Hier wussten selbst die Götter keinen Rath
Der die beklommne Brust mit Trost erfüllte.
Geheimnisvoll war dieses Unholds Pfad
Des Wuth kein Flehen und keine Gabe stillte;
Es war der Tod, der dieses Lustgelag
Mit Angst und Schmerz und Tränen unterbrach.

Auf ewig nun von allem abgeschieden,
Was hier das Herz in süßer Wollust regt,
Getrennt von den Geliebten, die hienieden
Vergebne Sehnsucht, langes Weh bewegt,
Schien matter Traum dem Todten nur beschieden,
Ohnmächtiges Ringen nur ihm auferlegt.
Zerbrochen war die Woge des Genusses
Am Felsen des unendlichen Verdrusses.

Που φοβερά πλησίαζε τα χαρωπά γλέντια
Και τον νου σε άγριο τρόμο τύλιγε.
Εδώ ακόμα κι οι θεοί δεν είχαν καμιά συμβουλή
Το ανήσυχο στήθος με παρηγοριά να γεμίζει.
Γεμάτο μυστικά ήταν τούτου του δαίμονα το μονο-
πάτι
Την οργή του καμιά ικεσία και κανένα τάμα δεν
χόρταινε·
Ήταν ο θάνατος, που ετούτο το ηδονικό γλέντι
Με φόβο και πόνο και δάκρυα διέκοψε.

Αιώνια τώρα από όλα αποκομμένος,
Κάτι που εδώθε την καρδιά με γλυκό πόθο ταράζει,
Χωρισμένος από τους αγαπημένους, που εδώ κάτω
Η μάταιη λαχτάρα, κι ο βαρύς πόνος τους κινεί,
Φάνηκε όνειρο μουντό για τον νεκρό μόνο προορι-
σμένο,
Ανήμπορος αγώνας σε εκείνον επιβεβλημένος.
Σπασμένο ήταν το κύμα της απόλαυσης
Στα βράχια της απέραντης πικρίας.

Mit kühnem Geist und hoher Sinnenglut
Verschönte sich der Mensch die grause Larve,
Ein sanfter Jüngling löscht das Licht und ruht —
Sanft wird das Ende, wie ein Wehn der Harfe.
Erinnerung schmilzt in kühler Schattenflut,
So sang das Lied dem traurigen Bedarfe.
Doch unenträtselt blieb die ewge Nacht,
Das ernste Zeichen einer fernen Macht.

Zu Ende neigte die alte Welt sich. Des jungen Geschlechts Lustgarten verwelkte — hinauf in den freieren, wüsten Raum strebten die unkindlichen, wachsenden Menschen. Die Götter verschwanden mit ihrem Gefolge — Einsam und leblos stand die Natur. Mit eiserner Kette band sie die dürre Zahl und das strenge Maaß. Wie in Staub und Lüfte zerfiel in dunkle Worte die unermessliche Blüte des Lebens. Entflohn war der beschwörende Glauben, und die

Με τολμηρό πνεύμα και υψηλή λάμψη του νου
Ομόρφαινε ο άνθρωπος τη φρικτή μάσκα,
Ένας ήρεμος έφηβος σβήνει το φως και αναπαύεται —
Πράο θα είναι το τέλος, σαν την πνοή της άρπας.
Η μνήμη λιώνει σε μια δροσερή πλημμύρα σκιάς,
Έτσι διαλαλούσε το άσμα τη θλιβερή ανάγκη.
Όμως ανεξήγητη έμεινε η αιώνια νύχτα,
Σημάδι αυστηρό μιας απόμακρης εξουσίας.

Στο τέλος του έγερνε ο αρχαίος κόσμος. Του νέου γένους ο εύφορος κήπος μαραινόταν — ψηλά στον ελεύθερο και έρημο τόπο κινούσαν οι πρώιμα γερασμένοι άνθρωποι. Οι θεοί χαθήκαν με την ακολουθία τους — Μονάχη και άψυχη στεκόταν η φύση. Με σιδερένια αλυσίδα την έδενε ο ισχνός αριθμός και το αυστηρό μέτρο. Σαν μέσα σε σκόνη και αέρα διαλυόταν σε σκοτεινές λέξεις το απροσμέτρητο άνθος της ζωής. Είχε χαθεί η πίστη που εξορκίζει, και η

allverwandelnde, allverschwisternde Himmelsgenossin, die Fantasie. Unfreundlich blies ein kalter Nordwind über die erstarrte Flur, und die erstarrte Wunderheimat verflog in den Äther. Des Himmels Fernen füllten mit leuchtenden Welten sich. Ins tiefre Heiligtum, in des Gemüts höhern Raum zog mit ihren Mächten die Seele der Welt — zu walten dort bis zum Anbruch der tagenden Weltherrlichkeit. Nicht mehr war das Licht der Götter Aufenthalt und himmlisches Zeichen — den Schleyer der Nacht warfen sie über sich. Die Nacht ward der Offenbarungen mächtiger Schoos — in ihn kehrten die Götter zurück — schlummerten ein, um in neuen herrlichern Gestalten auszugehn über die veränderte Welt. Im Volk, das vor allen verachtet zu früh reif und der seligen Unschuld der Jugend trotzig fremd geworden war, erschien mit niegesehenem Angesicht die neue Welt — In der Armut dichterischer

σύντροφος του ουρανού, η φαντασία, που τα πάντα μεταμορφώνει και τα πάντα εξαδελφίζει. Εχθρικά φύσηξε ένας ψυχρός βόρειος άνεμος στον παγωμένο κάμπο, κι η ψυχρή, θαυμαστή πατρίδα εξανεμίστηκε στον αιθέρα. Τα πέρατα του ουρανού γεμίσαν με φωτεινούς κόσμους. Στο πιο βαθύ ιερό, στου νου τον υψηλότερο τόπο κίνησε μαζί με τις δυνάμεις της η ψυχή του κόσμου — ώστε να κυριαρχεί εκεί μέχρι τον ερχομό του μεγαλείου της εποχής που ξημερώνει. Δεν ήταν πια το φως των θεών κατοικία κι ουράνιο σημάδι — το πέπλο της νύχτας έριξαν επάνω τους. Η νύχτα έγινε των αποκαλύψεων κραταιή αγκαλιά — σε αυτήν επέστρεφαν οι θεοί — γλυκοκοιμόντουσαν, για να ξανάρθουν με νέες, πιο θαυμαστές μορφές πάνω από τον αλλαγμένο κόσμο. Στον λαό, που από όλους περιφρονημένος κι έτσι πρόωρα ώριμος και στην μακάρια αθωότητα της νιότης πεισματικά ξένος, εμφανίστηκε με πρωτόφαντο πρόσωπο ο νέος κόσμος — Στην ποιητική φτώχια

Hütte — Ein Sohn der ersten Jungfrau und Mutter — Geheimnisvoller Umarmung unendliche Frucht. Des Morgenlands ahndende, blütenreiche Weisheit erkannte zuerst der neuen Zeit Beginn — Zu des Königs demütiger Wiege wies ihr ein Stern den Weg. In der weiten Zukunft Namen huldigten sie ihm mit Glanz und Duft, den höchsten Wundern der Natur. Einsam entfaltete das himmlische Herz sich zu einem Blütenkelch allmächtiger Liebe — des Vaters hohem Antlitz zugewandt und ruhend an dem ahndungsseligen Busen der lieblich ernsten Mutter. Mit vergötternder Inbrunst schaute das weissagende Auge des blühenden Kindes auf die Tage der Zukunft, nach seinen Geliebten, den Sprossen seines Götterstamms, unbekümmert über seiner Tage irdisches Schicksal. Bald sammelten die kindlichsten Gemüter von inniger Liebe wundersam ergriffen sich um ihn her. Wie Blumen

μιας καλύβας — Γιος της πρώτης Παρθένου και Μητέρας — Μυστικού εναγκαλισμού απέραντος καρπός. Της Ανατολής η προφητική, ανθηρή σοφία αναγνώρισε πρώτη της νέας εποχής το ξεκίνημα — Προς του βασιλιά την ταπεινή κοιτίδα της έδειξε ένα αστέρι τον δρόμο. Στο όνομα του μακρινού μέλλοντος τον προσκύνησαν με λάμψη και μύρο, τα ύψιστα θαύματα της φύσης. Μοναχικά ξεδιπλώθηκε η ουράνια καρδιά σε κάλυκα ανθού παντοδύναμης αγάπης — στραμμένη στου Πατέρα την ύψιστη όψη και αναπαυόμενη στα προφητικά μακάρια στήθη της γλυκά αυστηρής Μητέρας. Με θείο πάθος κοιτούσε το προφητικό μάτι του παιδιού που άνθιζε τις μέρες του μέλλοντος, έψαχνε τους αγαπημένους του, τους απόγονους της θεϊκής γενιάς του, αμέριμνο για τη μοίρα των ημερών του στη γη. Τα πιο αθώα πνεύματα σύντομα μαζεύτηκαν γύρω του θαυματουργά συγκινημένα από την πιο βαθιά αγάπη. Σαν τα λουλούδια

keimte ein neues fremdes Leben in seiner Nähe. Unerschöpfliche Worte und der Botschaften fröhlichste fielen wie Funken eines göttlichen Geistes von seinen freundlichen Lippen. Von ferner Küste, unter Hellas heiterm Himmel geboren, kam ein Sänger nach Palästina und ergab sein ganzes Herz dem Wunderkinde:

Der Jüngling bist du, der seit langer Zeit
Auf unsern Gräbern steht in tiefen Sinnen;
Ein tröstlich Zeichen in der Dunkelheit —
Der höhern Menschheit freudiges Beginnen.
Was uns gesenkt in tiefe Traurigkeit
Zieht uns mit süßer Sehnsucht nun von hinnen.
Im Tode ward das ewge Leben kund,
Du bist der Tod und machst uns erst gesund.

Der Sänger zog voll Freudigkeit nach Indostan — das Herz von süßer Liebe trunken; und schüttete in feurigen Gesängen

βλάσταινε μια νέα, άγνωστη ζωή πλησίον του. Ανεξάντλητος λόγος και τα πιο πρόσχαρα κηρύγματα έβγαιναν σαν σπίθες ενός θείου πνεύματος από τα φίλια χείλη του. Από μακρινή ακτή, κάτω από της Ελλάδας τον καθαρό ουρανό γεννημένος, ήρθε ένας βάρδος στην Παλαιστίνη και έδωσε όλη του την καρδιά στο θαυματουργό παιδί:

Ο έφηβος είσαι εσύ, που από πολύ καιρό
στα μνήματά μας στέκεσαι με σκέψη βαθιά,
Παρήγορο σημάδι μες τη σκοτεινιά —
Των ύψιστων ανθρώπων χαρμόσυνη αρχή.
Ό,τι μας βούλιαξε σε θλίψη βαθιά
Μας τραβάει με γλυκιά λαχτάρα τώρα από εδώ.
Μέσα στον θάνατο φανερώθηκε η αιώνια ζωή,
Εσύ είσαι ο θάνατος κι εσύ μόνο μας θεραπεύεις.

Ο βάρδος πήγε γεμάτος χαρά στο Ινδουστάν — η καρδιά του από γλυκιά αγάπη μεθυσμένη· την άδειασε με πύρινα τραγούδια

es unter jenem milden Himmel aus, dass tausend Herzen sich zu ihm neigten, und die fröhliche Botschaft tausendzweigig emporwuchs. Bald nach des Sängers Abschied ward das köstliche Leben ein Opfer des menschlichen tiefen Verfalls — Er starb in jungen Jahren, weggerissen von der geliebten Welt, von der weinenden Mutter und seinen zagenden Freunden. Der unsäglichen Leiden dunkeln Kelch leerte der liebliche Mund — In entsetzlicher Angst nahte die Stunde der Geburt der neuen Welt. Hart rang er mit des alten Todes Schrecken — Schwer lag der Druck der alten Welt auf ihm. Noch einmal sah er freundlich nach der Mutter — da kam der ewigen Liebe lösende Hand — und er entschlief. Nur wenig Tage hing ein tiefer Schleyer über das brausende Meer, über das bebende Land — unzählige Tränen weinten die Geliebten — Entsiegelt ward das Geheimnis — himmlische Geister

κάτω από αυτόν τον απαλό ουρανό, έτσι που χιλιάδες καρδιές υποκλίνονταν σε εκείνον, και το χαρμόσυνο μήνυμα μεγάλωνε χίλιες φορές διακλαδισμένο. Λίγο μετά από του βάρδου τον αποχαιρετισμό η πολύτιμη ζωή έπεσε θύμα της βαθιάς κατάρρευσης του ανθρώπου — Πέθανε Εκείνος σε νεαρή ηλικία, ξεριζωμένος από τον αγαπημένο κόσμο και τους λιγόψυχους φίλους του, μακριά από την κλαίουσα Μητέρα. Των ανείπωτων οδυνών το σκοτεινό δισκοπότηρο άδειασε το αγαπημένο του στόμα — Με φρικτό φόβο πλησίαζε η ώρα της γέννησης του νέου κόσμου. Σκληρά πάλευε με του παλιού θανάτου τον τρόμο — Κειτόταν το βάρος του παλιού κόσμου πάνω του. Για στερνή φορά έριξε μια φιλική ματιά προς τη Μητέρα — τότε ήρθε της αιώνιας αγάπης το λυτρωτικό χέρι — και ξεψύχησε. Για λίγες μόνο ημέρες κρεμόταν βαθύ ένα πέπλο πάνω από τη φουρτουνιασμένη θάλασσα, πάνω από τη σειώμενη γη — αμέτρητα δάκρυα κυλούσαν από τους αγαπημένους — Έσπασε η σφραγίδα του μυστικού — ουράνια πνεύματα

hoben den uralten Stein vom dunkeln Grabe. Engel saßen bei dem Schlummernden — aus seinen Träumen zartgebildet — Erwacht in neuer Götterherrlichkeit erstieg er die Höhe der neugebornen Welt — begrub mit eigner Hand der Alten Leichnam in die verlaßne Höhle, und legte mit allmächtiger Hand den Stein, den keine Macht erhebt, darauf.

Noch weinen deine Lieben Tränen der Freude, Tränen der Rührung und des unendlichen Danks an deinem Grabe — sehn dich noch immer, freudig erschreckt, auferstehn — und sich mit dir; sehn dich weinen mit süßer Inbrunst an der Mutter seligem Busen, ernst mit den Freunden wandeln, Worte sagen, wie vom Baum des Lebens gebrochen; sehen dich eilen mit voller Sehnsucht in des Vaters Arm, bringend die junge Menschheit, und der goldnen Zukunft unversieglichen Becher. Die Mutter eilte bald

ανύψωναν την πανάρχαια πέτρα από τον σκοτεινό τάφο. Άγγελοι κάθονταν δίπλα στον πεθαμένο — από τα όνειρά του εύθραυστα πλασμένοι — Αναστημένος με νέο θεϊκό μεγαλείο ανήλθε στα ύψη του νεογέννητου κόσμου — έθαψε με το ίδιο του το χέρι των αρχαίων τη σορό στην εγκαταλειμμένη σπηλιά, και κύλησε με παντοδύναμο χέρι την πέτρα, που καμία δύναμη δεν σηκώνει, επάνω της.

Ακόμα κλαίνε οι αγαπημένοι σου δάκρυα χαράς, δάκρυα συγκίνησης και απέραντης ευγνωμοσύνης στον τάφο σου — σε βλέπουν ακόμα χαρμόσυνα φοβισμένοι, να ανασταίνεσαι — και τον εαυτό τους μαζί σου· σε κοιτάζουν να κλαις με πάθος γλυκό στης Μητέρας το ευλογημένο στήθος, σοβαρός με του φίλους να περπατάς, λέξεις να λες, από το δέντρο της ζωής παρμένες· να σπεύδεις γεμάτος λαχτάρα στου Πατέρα την αγκαλιά, κουβαλώντας τη νεαρή ανθρωπότητα, και του χρυσού μέλλοντος το αστείρευτο κύπελο.
Η Μητέρα έσπευσε σύντομα

dir nach — in himmlischem Triumpf — Sie war die Erste in der neuen Heimat bei dir. Lange Zeiten entflossen seitdem, und in immer höherm Glanze regte deine neue Schöpfung sich — und tausende zogen aus Schmerzen und Qualen, voll Glauben und Sehnsucht und Treue dir nach — wallen mit dir und der himmlischen Jungfrau im Reiche der Liebe — dienen im Tempel des himmlischen Todes und sind in Ewigkeit dein.

Gehoben ist der Stein —
Die Menschheit ist erstanden —
Wir alle bleiben dein
Und fühlen keine Banden.
Der herbste Kummer fleucht
Vor deiner goldnen Schale,
Wenn Erd und Leben weicht,
Im letzten Abendmahle.

κατόπιν σου — με ουράνιο θρίαμβο — Πρώτη ήταν στη νέα πατρίδα δίπλα σου. Μακρύς καιρός πέρασε από τότε, και με πάντα υψηλότερο θάμβος χτιζόταν η νέα σου δημιουργία — και χιλιάδες πέρα από πόνους και βάσανα σε ακολούθησαν γεμάτοι πίστη και λαχτάρα και αφοσίωση — βαδίζουν μαζί σου και με την ουράνια Παρθένο στο βασίλειο της αγάπης — υπηρετούν στο ναό του επουράνιου θανάτου και είναι στην αιωνιότητα δικοί σου.

Ανυψώθηκε η πέτρα —
Η ανθρωπότητα αναστήθηκε —
Εμείς όλοι παραμένουμε δικοί σου
Και δεν μας κρατούν δεσμά.
Χάνεται ο πιο πικρός καημός
μπρος στη χρυσή σου κούπα,
Όταν γη και ζωή δίνουν τόπο,
Στο τελευταίο δείπνο.

Zur Hochzeit ruft der Tod —
Die Lampen brennen helle —
Die Jungfraun sind zur Stelle
Um Oel ist keine Noth —
Erklänge doch die Ferne
Von deinem Zuge schon,
Und ruften uns die Sterne
Mit Menschenzung' und Ton.

Nach dir, Maria, heben
Schon tausend Herzen sich.
In diesem Schattenleben
Verlangten sie nur dich.
Sie hoffen zu genesen
Mit ahndungsvoller Luft —
Drückst du sie, heilges Wesen,
An deine treue Brust.

Σε γάμο καλεί ο θάνατος —
Τα λυχνάρια καίνε φωτεινά —
Οι παρθένες είναι στη θέση τους
Για έλαιο δεν υπάρχει ανάγκη —
Ας αντηχούσε στα ξένα
Η πορεία σου η μακρά,
Κι ας μας καλούσαν τα αστέρια
Με ανθρώπινη λαλιά.

Προς εσένα, Μαρία, ανυψώνονται
Ήδη χιλιάδες καρδιές.
Σε ετούτη της σκιάς ζωή
Αποζητούν μόνο εσένα.
Εύχονται να ιαθούν
Με προφητική χαρά —
Τους αγκαλιάζεις, Άγιο ον,
Στο πιστό σου στήθος.

So manche, die sich glühend
In bittrer Qual verzehrt,
Und dieser Welt entfliehend
Nach dir sich hingekehrt;
Die hülfreich uns erschienen
In mancher Not und Pein —
Wir kommen nun zu ihnen
Um ewig da zu sein.

Nun weint an keinem Grabe,
Für Schmerz, wer liebend glaubt.
Der Liebe süße Habe
Wird keinem nicht geraubt Noth
Die Sehnsucht ihm zu lindern,
Begeistert ihn die Nacht —
Von treuen Himmelskindern
Wird ihm sein Herz bewacht.

Έτσι όσοι φλεγόμενοι
σε βάσανα αναλώθηκαν πικρά,
Από ετούτον δραπετεύοντας τον κόσμο
Επέστρεψαν σε εσένα·
Και μας φάνηκαν χρήσιμοι
Σε κάποια ανάγκη και πόνο —
Σε εκείνους ερχόμαστε τώρα
Ώστε αιώνια να είμαστε εκεί.

Τώρα δεν κλαίει σε κανέναν τάφο,
Από πόνο, όποιος αγαπώντας πιστεύει.
Της αγάπης το γλυκό βιός
Δεν κλέβεται από κανέναν —
Την λαχτάρα του για να απαλύνει,
Τον εμψυχώνει η νύχτα —
Πιστά ουράνια παιδιά
Φυλάσσουν την καρδιά του.

Getrost, das Leben schreitet
Zum ewgen Leben hin;
Von innrer Glut geweitet
Verklärt sich unser Sinn.
Die Sternwelt wird zerfließen
Zum goldnen Lebenswein,
Wir werden sie genießen
Und lichte Sterne sein.

Die Lieb' ist frei gegeben,
Und keine Trennung mehr.
Es wogt das volle Leben
Wie ein unendlich Meer.
Nur Eine Nacht der Wonne —
Ein ewiges Gedicht —
Und unser aller Sonne
Ist Gottes Angesicht.

Παρήγορα η ζωή καλπάζει
Προς την αιώνια ζωή·
Από εσώτερη λάμψη διευρυμένος
εκστατικός μένει ο δικός μας νους.
Των αστεριών ο κόσμος θα λιώσει
σε χρυσό κρασί της ζωής,
Εμείς θα τα γευτούμε
Κι άστρα θα γίνουμε φωτεινά.

Η αγάπη δόθηκε ελεύθερα,
Και κανείς πια αποχωρισμός.
Κυματίζει ολόκληρη η ζωή
Σαν απέραντη θάλασσα.
Μόνο Μια νύχτα ευδαιμονίας —
Ένα αιώνιο ποίημα —
Κι όλων μας ο ήλιος
Η όψη του θεού.

6.

Sehnsucht nach dem Tode.

Hinunter in der Erde Schoß,
Weg aus des Lichtes Reichen,
Der Schmerzen Wuth und wilder Stoß
Ist froher Abfahrt Zeichen.
Wir kommen in dem engen Kahn
Geschwind am Himmelsufer an,

6.

Λαχτάρα για τον θάνατο

Κάτω στης γης την αγκαλιά,
Μακριά από του φωτός τα βασίλεια,
Των πόνων η οργή και ο άγριος χτύπος
Χαρμόσυνο είναι σημάδι αναχώρησης.
Φτάνουμε μες τη βάρκα τη στενή
γοργά στου ουρανού την ακτή,

Gelobt sei uns die ewge Nacht,
Gelobt der ewge Schlummer.
Wohl hat der Tag uns warm gemacht,
Und welk der lange Kummer.
Die Lust der Fremde ging uns aus,
Zum Vater wollen wir nach Haus.

Was sollen wir auf dieser Welt
Mit unsrer Lieb' und Treue.
Das Alte wird hintangestellt,
Was soll uns dann das Neue.
O! einsam steht und tiefbetrübt,
Wer heiß und fromm die Vorzeit liebt.

Die Vorzeit wo die Sinne licht
In hohen Flammen brannten,
Des Vaters Hand und Angesicht
Die Menschen noch erkannten.
Und hohen Sinns, einfältiglich
Noch mancher seinem Urbild glich.

Ευλογημένη η νύχτα η αιώνια,
Ευλογημένος ο αιώνιος ύπνος.
Η μέρα μας έχει ζεστάνει
Και μαράθηκε ο μακρύς καημός.
Ο πόθος των ξένων τόπων μας τελείωσε,
Στο σπίτι του Πατέρα θέλουμε να επιστρέφουμε.

Τι ψάχνουμε στον κόσμο αυτόν
Με την αγάπη και την πίστη μας.
Το παλιό μένει πίσω
Τι να μας κάνει το καινούργιο.
Ω! μοναχικός στέκεται και βαθιά θλιμμένος,
Όποιος με θέρμη και ευλάβεια τους παλιούς
                                    καιρούς αγαπά.

Τότε όπου οι αισθήσεις φωτεινά
Με φλόγες καίγανε ψηλές,
Που του Πατέρα χείρα και μορφή
Οι άνθρωποι ακόμα αναγνώριζαν.
Και με αίσθηση υψηλή κι αγαθή,
Κάποιοι ακόμα στην εικόνα του έμοιαζαν.

Die Vorzeit, wo noch blütenreich
Uralte Stämme prangten,
Und Kinder für das Himmelreich
Nach Qual und Tod verlangten.
Und wenn auch Lust und Leben sprach
Doch manches Herz für Liebe brach.

Die Vorzeit, wo in Jugendglut
Gott selbst sich kundgegeben
Und frühem Tod in Liebesmut
Geweiht sein süßes Leben.
Und Angst und Schmerz nicht von sich trieb,
Damit er uns nur teuer blieb.

Mit banger Sehnsucht sehn wir sie
In dunkle Nacht gehüllet,
In dieser Zeitlichkeit wird nie
Der heiße Durst gestillet.
Wir müssen nach der Heimat gehn,
Um diese heilge Zeit zu sehn.

Στο παρελθόν, όπου γεμάτες ανθούς ακόμα
Πανάρχαιες φυλές άκμαζαν,
Και παιδιά για το βασίλειο του ουρανού
Το μαρτύριο και τον θάνατο αποζητούσαν.
Κι αν πόθος και ζωή μιλούσαν
Κάποιες καρδιές για αγάπη ράγιζαν.

Στο παρελθόν, όπου στη φλόγα της νιότης
Ο ίδιος ο θεός φανέρωσε εαυτόν
Και πρώιμος θάνατος με θαρραλέα αγάπη
καθαγίασε τη γλυκιά του ζωή.
Και δίχως φόβο και πόνο να αποδιώξει,
Ώστε για εμάς πολύτιμος να μείνει.

Με αγωνία και λαχτάρα αυτά θωρούμε
Στη σκοτεινή νύχτα καλυμμένα,
Σε αυτήν τη ζωή ποτέ
Η καυτή δίψα δεν σβήνει.
Πρέπει να κινήσουμε για την πατρίδα,
Για να δούμε τα άγια εκείνα χρόνια.

Was hält noch unsre Rückkehr auf,
Die Liebsten ruhn schon lange.
Ihr Grab schließt unsern Lebenslauf,
Nun wird uns weh und bange.
Zu suchen haben wir nichts mehr —
Das Herz ist satt — die Welt ist leer.

Unendlich und geheimnisvoll
Durchströmt uns süßer Schauer —
Mir däucht, aus tiefen Fernen scholl
Ein Echo unsrer Trauer.
Die Lieben sehnen sich wohl auch
Und sandten uns der Sehnsucht Hauch.

Hinunter zu der süßen Braut,
Zu Jesus, dem Geliebten --
Getrost, die Abenddämmrung graut
Den Liebenden, Betrübten.
Ein Traum bricht unsre Banden los
Und senkt uns in des Vaters Schoß.

Στο παρελθόν, όπου γεμάτες ανθούς ακόμα
Πανάρχαιες φυλές άκμαζαν,
Και παιδιά για το βασίλειο του ουρανού
Το μαρτύριο και τον θάνατο αποζητούσαν.
Κι αν πόθος και ζωή μιλούσαν
Κάποιες καρδιές για αγάπη ράγιζαν.

Στο παρελθόν, όπου στη φλόγα της νιότης
Ο ίδιος ο θεός φανέρωσε εαυτόν
Και πρώιμος θάνατος με θαρραλέα αγάπη
καθαγίασε τη γλυκιά του ζωή.
Και δίχως φόβο και πόνο να αποδιώξει,
Ώστε για εμάς πολύτιμος να μείνει.

Με αγωνία και λαχτάρα αυτά θωρούμε
Στη σκοτεινή νύχτα καλυμμένα,
Σε αυτήν τη ζωή ποτέ
Η καυτή δίψα δεν σβήνει.
Πρέπει να κινήσουμε για την πατρίδα,
Για να δούμε τα άγια εκείνα χρόνια.

Milton Keynes UK
Ingram Content Group UK Ltd.
UKHW042039111124
451073UK00005B/30

9 786188 738140